L'ÉDUCATION

ET

LES COLONIES

OUVRAGES DU MÊME AUTEUR

La Colonisation de l'Indo-Chine. — Un volume in-18 jésus, broché. . . . . 4 fr.

La Hollande et les fonctionnaires des Indes néerlandaises. — Un volume in-16, broché . . . . . 1 fr.

La Politique coloniale de la France : L'Age de l'Agriculture. — Un volume in-16, broché. . . 1 fr.

L'Émigration des Femmes aux colonies. — Un volume in-16, broché. . . . . 1 fr.

58752. — Imprimerie LAHURE, rue de Fleurus, 9, à Paris.

QUESTIONS DU TEMPS PRÉSENT

JOSEPH CHAILLEY-BERT

L'ÉDUCATION

ET

LES COLONIES

DEUXIÈME ÉDITION

PARIS

ARMAND COLIN ET Cⁱᵉ, ÉDITEURS

RUE DE MÉZIÈRES, 5

1899

L'ÉDUCATION

ET

LES COLONIES

I

Les futurs colons : nécessité de les préparer à la vie coloniale.

I

Les Français sont-ils colonisateurs? Voilà, depuis que la France refait son empire colonial, une question cent fois posée. Adversaires et partisans de la colonisation se la renvoient à l'envi et la résolvent en sens contraire.

Tant qu'a duré la conquête, les adversaires disaient : « A quoi bon prendre, puisque vous ne saurez pas garder? A quoi bon occuper la terre, puisque vous ne saurez ni semer ni récolter? » Et ils invoquaient l'histoire : l'Inde et le Canada perdus, Saint-Domingue révoltée, les Antilles languissantes, l'Algérie attendant toujours le grand essor.

Les partisans des colonies expliquaient ces insuccès par des conditions historiques aujourd'hui modifiées; la France d'autrefois sacrifiait sa politique coloniale à sa politique continentale et l'Ancien Régime abandonnait ses possessions d'outre-mer pour maintenir sa place en Europe. Ils montraient, au surplus, nos compatriotes faisant au Canada si bonne figure qu'en 1897, au Congrès colonial de Bruxelles, un professeur de l'Université d'Iéna, le docteur Anton, leur rendait un hommage éclatant. Enfin, obligés de confesser l'échec final dans la seconde moitié du xviiie siècle, ils invoquaient la différence des temps et des milieux. Quel changement aujourd'hui! Et comme, l'empire colonial une fois conquis et pacifié, on allait voir d'autres procédés et d'autres résultats!

L'empire colonial est reconstitué sinon achevé; les colonies sont presque toutes pacifiées, et voici que les adversaires du dedans et du dehors se tournent vers nous et disent : « Où sont les colons? où sont les procédés? où sont les résultats? »

Question bien hâtive! Sait-on depuis quand les

Anglais sont aux Indes, j'entends sans conteste, sans rivaux du dehors, sinon sans ennemis du dedans? Depuis plus d'un siècle! Et les Hollandais à Java? Depuis près de trois siècles, si l'on joint la domination de la Compagnie à celle de la monarchie néerlandaise; depuis encore quatre-vingts années, si l'on s'en tient à la période contemporaine! Et nous, de quand date notre prise de possession? De quinze ans en Tunisie, de douze ans au Tonkin, de deux ans à Madagascar! Et, en si peu de temps, que de chemin parcouru, et déjà que de prospérité, manifeste ou latente, dans ces régions ouvertes d'hier!

Il n'y a donc pas de temps perdu.

Cependant, ne nous endormons pas. Agissons. Les colonies s'impatientent. Elles ont des terres disponibles qui n'attendent que le colon agriculteur; de la main-d'œuvre indigène, qui n'attend que les ordres et la direction de l'Européen; et toute une clientèle, encore pauvre, à la vérité, mais que nous enrichirons, qui n'attend que l'ouverture de nos magasins et de nos comptoirs.

L'Algérie et la Tunisie si proches de nous, le Tonkin et l'Annam si riches et encore à peine entamés, le Laos à peine exploré, Madagascar si tentant, tout cela appelle par milliers, par centaines de milliers les colons, par millions, par centaines de millions les capitaux.

Qu'est-ce qui les retient ?

Manquons-nous de capitaux ? Nullement. C'est même une des caractéristiques de la période actuelle qu'il y a aujourd'hui des capitaux qui ne répugnent plus à s'engager dans les affaires coloniales. Le deux et demi, le trois pour 100, on s'en lasse; quelques-uns voudraient plus de revenu, sauf à courir plus de risques. Ils placeraient volontiers leurs capitaux aux colonies, dans des entreprises d'agriculture ou d'industrie.

Manquons-nous de colons? Erreur. Il existe actuellement en France des milliers, des dizaines de milliers d'hommes de tout âge et de toute condition qui ne demandent qu'à aller aux colonies, qui supplient qu'on les aide à y aller. L'*Union Coloniale française*, le *Comité Dupleix*, le *Ministère des Colonies* reçoivent chaque jour des centaines de lettres de candidats à l'émigration.

Alors, comment résoudre l'énigme? Le public n'y comprend rien. Un empire immense, des terres disponibles partout et un gouvernement prêt à les donner, les louer ou les vendre; des capitaux qui cherchent à se placer et de nombreux Français qui cherchent à s'établir; et, avec tant d'éléments combinés, les colonies demeurant sans colons, les capitaux sans emploi et les hommes sans situation. Qui donc trompe-t-on ici ? Déjà, de plus d'un côté, on crie à la mystification : faut-il dire à la duperie ?

Il n'y a ni mystification ni duperie ; il y a des choses très claires en face d'hommes qui n'y voient goutte. Tâchons d'éclairer la lanterne.

II

Pour ceux qui savent les choses, la situation est des plus simples. Les colonies s'impatientent : elles ne sont pas prêtes. Les candidats colons ne demandent qu'à partir : ils ne sont pas prêts. Les capitaux prétendent vouloir se placer aux colonies : ils ne sont pas prêts. Et ceux, comme nous, qui aiment les colonies, souhaitent qu'on n'y tente rien sans avoir mis les chances de son côté, toutes les chances. Ils répètent donc à satiété : pas de colonisation sans préparation ; pas de colons sans préparation.

Les capitaux ne sont pas prêts. Leur éducation n'est pas faite. Beaucoup exigent, même dans les colonies, des placements de toute sécurité et à résultats immédiats. Or, les entreprises coloniales sont de celles qu'on peut appeler : « à long terme » et « à grosse aventure ». Par conséquent, pour les développer dans notre pays, il faut faire appel, non pas aux capitaux qui ne connaissent d'autre emploi que les rentes d'État et les obligations de chemin de fer garanties par l'État, avec des coupons qui se paient régulièrement tous les six mois, mais à des capitaux disposés : 1º à courir des risques et à ne pas accuser, en cas d'échec, d'impéritie ou de trahison ceux qui les auront entraînés dans ces risques ; 2º à attendre pendant plusieurs années l'heure des résultats, c'est-à-dire le paiement des dividendes et des intérêts, fruit d'une exploitation assise, développée, fructueuse. De pareils capitaux sont rares, mais ils existent, nous le savons ; il faut les appeler et les grouper ; jusqu'ici on ne l'a pas fait, et c'est ce qui explique le retard dans la mise en valeur de nos colonies.

Les colonies ne sont pas prêtes ; la colonisation ne peut se développer tant qu'elle n'a pas été judicieusement préparée.

La préparation de la colonisation, c'est la sécurité garantie aux colons ; c'est l'administration

instituée et la justice rendue; c'est enfin et surtout les travaux publics entrepris; les accès permis et faciles, les communications ouvertes. Le
gouvernement n'a pas tout fait, quand il a conquis les colonies; il lui reste à les préparer avant
d'y convier les colons. Aujourd'hui nous n'avons
encore dans nos colonies que l'avant-garde de la
troupe coloniale; le gros ne peut pas, ne doit pas
arriver tant que le gouvernement n'aura pas mené
à bien cette seconde partie essentielle de sa tâche :
les travaux publics. Et le gouvernement le sait;
et l'opinion le sait; et, d'ailleurs, les choses sont
en bonne voie. Bientôt sans doute nous aurons le
premier chemin de fer de Madagascar; nous
aurons ensuite ceux d'Indo-Chine et d'Afrique :
alors la colonisation suivra parce que la préparation aura été bien commencée. Mais jusqu'ici
presque rien n'a été fait, et voilà encore qui
explique le retard dans la mise en valeur de nos
colonies.

Enfin les colons ne sont pas prêts. Depuis trois
ou quatre ans, surtout depuis dix-huit mois, les
premiers personnages de l'État et les hommes les
plus qualifiés répètent à la jeunesse française :
Allez aux colonies; et la jeunesse répond : Nous
sommes prêts. C'est une erreur : de même que

jusqu'ici l'administration et le gouvernement avaient insuffisamment préparé les colonies à recevoir les colons, de même les colons étaient insuffisamment préparés à vivre aux colonies, je veux dire dans nos colonies, et à y prospérer.

Nos candidats colons ne connaissent guère nos colonies, et ils commettent une double erreur. Ils croient (ou raisonnent comme s'ils croyaient) que nos colonies sont des pays d'aventures, de guerre, d'embuscades et de chasse, et que les colons qui leur conviennent sont avant tout des gaillards ayant bon pied, bon œil.

Ils croient encore que nos colonies ont un climat qui ressemble à celui de la France et qu'un homme pauvre, mais robuste, travailleur et disposé à ne pas marchander sa peine est assuré d'y réussir.

Cette double erreur est pour eux la cause de beaucoup de déceptions et de beaucoup d'irritation. Il y a quelque temps un des candidats-colons écrivait à un grand journal : « Je suis solide, résistant, prêt à tout, d'avance résigné aux rudes besognes ; je me suis adressé partout, et partout en vain : au *Comité Dupleix* qui ne m'a pas répondu, au ministre des Colonies qui a fait de même, à l'*Union Coloniale*, qui a inséré dans son journal une annonce (coût : trois francs) sans résultat... Et après cela on nous incite à aller aux colonies. »

Ce candidat colon ne savait pas.

Les colonies françaises sont situées sous les tropiques, sous lesquels l'Européen ne peut ni régulièrement ni longtemps travailler de ses mains; de plus, elles sont peuplées d'indigènes nombreux et disciplinables, qui fournissent une main-d'œuvre à très bon marché et de nature à décourager les *travailleurs* européens. En conséquence, ces colonies attendent comme colons nécessaires non des travailleurs manuels, mais des directeurs d'entreprises, qui sachent utiliser le travail d'autrui.

D'autre part, les colonies françaises entrent désormais dans la période d'exploitation régulière; pour cette période, il leur faut (dans l'agriculture, l'industrie et le commerce) des hommes d'expérience et d'autorité, qui connaissent leur partie et soient ferrés sur la gestion d'une entreprise, c'est-à-dire sur les frais généraux, le prix de revient, le prix de vente, etc. Donc, ce qu'elles attendent, ce ne sont ni des descendants attardés d'*OEil de Faucon* ou de *Tueur de Daims*, ni des lutteurs au biceps dur et au thorax plein, ni de bons jeunes gens bien sages et bien appliqués, ni des résignés ou des découragés, ni des ratés, ni des tarés, ni des ignorants et des risque-tout; mais des hommes qui sauront s'astreindre aux besognes régulières de la production et de la vente, qui auront été d'avance qualifiés pour cela, et qui, étant qualifiés, inspireront confiance aux capitaux.

Car il faut qu'ils leur inspirent confiance. Le problème de la colonisation dans tous les pays se pose de la façon suivante. Les riches n'émigrent pas et ne colonisent pas. Ceux qui émigrent et colonisent, ce sont les gens de situation modique, qui visent à grandir leur situation. Et la colonisation ne peut se faire que par la collaboration des deux éléments : les riches, restant en Europe, mettront leurs capitaux, pour être consacrés aux affaires coloniales, à la disposition de ceux qui ne demandent qu'à aller aux colonies.

Mais, ces capitaux, ils ne les mettront à la disposition que d'hommes préparés à leur tâche, et leur inspirant confiance par leurs talents et leur caractère. Il y a, aux Indes anglaises et à Ceylan, peut-être plus de 2 milliards de francs engagés dans la culture du thé; il y a à Java des centaines de millions engagés dans les plantations de café, de sucre, de tabac. Croyez-vous que les hommes, à qui l'on a confié ces capitaux énormes, soient des gens qui se sont lancés dans la vie coloniale à l'aventure, sans plan préconçu, sans direction choisie, en un mot sans préparation ? Erreur, ce sont des gens de sang-froid, de raison mûre, d'éducation achevée ; des gens, non pas propres à tout, mais propres à une chose ; des gens sachant un métier, un seul, mais le sachant à fond, c'est-à-dire des *spécialistes*, qui s'entendent à produire, vendre et compter, et qui offrent les plus sérieuses garanties aux capitaux qui se confient à eux. Ce sont, pour tout résumer d'un mot, des hommes préparés à leur tâche. Préparons donc nos candidats colons.

III

Mais avant de rechercher comment les préparer, cherchons d'abord de quelle partie de la nation nous viendront ces candidats colons. Ils viendront de toutes les parties de la nation. Ce sera à nous à faire, dans le nombre, un choix. Si nous procurons aux émigrants des facilités de toutes sortes (voyage gratuit ou à prix réduit, lettres de recommandation, entremise auprès des colons déjà établis et des administrateurs, etc.), nous réserverons ces facilités à ceux qui nous semblent devoir faire un jour les meilleurs colons. Et si nous nous imposons la tâche soit d'éveiller dans la jeunesse la vocation coloniale, soit surtout de la préparer à la vie coloniale, nous n'appliquerons nos soins qu'à cette partie de la jeunesse qui nous paraît, dans l'état actuel des choses, devoir le mieux remplir les conditions *jugées nécessaires pour réussir.*

Or, en l'année 1898 où nous écrivons et pendant encore une bonne douzaine d'années, de tous les candidats colons, les meilleurs assurément sont les fils de la bourgeoisie.

La bourgeoisie n'est ni une classe ni une caste, mais une sélection d'entre tous les éléments constitutifs de la nation, sélection bonne ou mauvaise d'ailleurs : c'est la partie de la nation qui a su ou a pu épargner, et ou bien peut remettre à ses fils, parvenus à l'âge d'homme, un capital — petit ou grand — qui leur permette d'appliquer à leurs entreprises un autre travail que le leur propre, ou bien leur a fait, à grands frais, donner une instruction et permis d'acquérir des connaissances et des talents qui les désignent au choix des capitalistes pour la direction d'entreprises coloniales. Ces colons, sortis de la bourgeoisie, seront, à vrai dire, les pionniers de la colonisation ; ils feront entrer les colonies dans la voie de l'exploitation méthodique; ils créeront de la richesse, des intérêts, des emplois; et, dès la seconde génération, ils appelleront, pour les associer à leur tâche, d'autres Français, *sans capitaux, ceux-là*, à qui les colonies eussent continué à demeurer fermées si les capitalistes de la première heure ne leur en avaient ouvert les portes.

Donc, pour notre première équipe de colons, nous ne pouvons logiquement, et sauf d'heureuses exceptions, compter que sur les fils de la bourgeoisie. Et nous avons le devoir de les préparer à la vie coloniale.

La préparation des candidats colons, c'est l'éducation. Pas de colons sans une éducation qui ouvre l'esprit des jeunes gens aux choses des colonies et qui les mette en mesure de tenir convenablement le rôle de colon.

Dans la préparation de nos candidats colons, il y a une double tâche.

Former des spécialistes, des techniciens, des professionnels, capables d'occuper les situations qu'offrent les entreprises coloniales dans l'agriculture, l'industrie et le commerce; c'est-à-dire donner à ces jeunes gens une instruction (et aussi une éducation) spéciale, appropriée aux choses des colonies, de telle sorte que le futur agriculteur sache, outre l'agronomie générale et métropolitaine, une agriculture spéciale et coloniale, et le futur commerçant, outre les règles universelles du commerce, certaines règles propres au commerce des colonies, et que tous deux aient à la fois le *goût* et le *sens pratique* des affaires coloniales.

Mais, avant cela, avant d'arriver à la spécialisation des futurs colons, il importe de donner à la jeunesse une éducation générale, qui ne soit pas — comme elle l'est aujourd'hui — calculée pour la détourner de tout ce qui est activité : commerce, industrie, agriculture, colonies; mais qui, au contraire, attire les esprits et incline les volontés vers ces carrières qui font les nations vigoureuses; une éducation, en un mot, qui, toutes les fois que l'enfant n'a pas une vocation décidée, le pousse de préférence vers les entreprises à initiative et à responsabilité, au premier rang desquelles les entreprises coloniales.

Il va sans dire que pour nous le mot éducation a un double sens : instruction et éducation; l'instruction qui meuble et ouvre l'intelligence, l'éducation qui façonne le caractère.

Nous parlerons à loisir de l'instruction; disons d'abord un mot de l'éducation.

Je ne compte pas beaucoup sur l'éducation
pour donner ce qu'on appelle du caractère à ceux
qui n'en ont pas; mais je compte sur elle, soit
pour faire sortir et développer, là où elles existent,
l'énergie, la conscience, l'endurance *latentes*, soit
pour ouvrir les yeux sur eux-mêmes à ceux à qui
elles font totalement défaut et pour les dégoûter
de la carrière coloniale. Car pour cette carrière
le caractère est tout; et l'important n'est pas
d'avoir beaucoup de colons, mais d'en avoir de
choisis et de préparés à leur genre de vie.

Vous aurez beau vous entourer de toutes les
précautions, veiller sur votre futur colon, soigner
son instruction, lui assurer des ressources : cela
est important, sans doute, mais cela est secondaire. Une seule chose est capitale : le caractère.
Ce n'est point l'argent qui fait le succès; ce n'est
point la science : c'est l'homme. On peut, avec de
l'argent, être un sot, et, avec du savoir, un niais.
On n'est un homme qu'avec du caractère.

Le caractère est chose difficile à définir : la
définition varie avec la condition de chacun.
Disons, quand il s'agit du colon, que c'est l'ensemble des qualités d'esprit, d'intelligence et de
volonté requises pour lutter efficacement contre
la solitude et le découragement, les espoirs et
les illusions de l'ignorance, les conseils de la

vanité et les suggestions de l'orgueil. Un homme qui possède ces forces physiques, intellectuelles et morales, dès qu'il aura le pied à l'étrier, ira loin; celui à qui elles font défaut, risque de ne pas faire beaucoup de chemin et de culbuter à moitié route. Donc choisissez bien vos colons; loin de les pousser à partir, *retenez hardiment ceux qui n'ont pas de caractère;* ne gardez près de vous que les trois cents braves de Gédéon.

L'éducation, si cela se pouvait, c'est dans les familles qu'elle devrait se donner, bien plutôt que dans les écoles; la famille est le vrai foyer d'éducation. Et l'éducation doit commencer son œuvre de bonne heure, en donnant aux enfants plus de droits et en leur imposant plus de responsabilités. Mais, pour cent raisons connues, les parents souvent ne sont pas ou ne peuvent pas être éducateurs, et alors la tâche d'éducation revient à l'école.

En ce qui concerne la préparation à la vie coloniale, c'est-à-dire à une existence où l'homme n'aura le plus souvent à compter que sur lui-même et, loin de pouvoir s'appuyer sur autrui, aura au contraire, dans son voisinage ou sous sa dépendance, de nombreux auxiliaires qui prétendront sans cesse s'appuyer sur lui, l'éducation devra agir surtout par la liberté et par l'initiative laissées aux élèves.

Mais, enfin, il faut bien que le maître fasse autre chose que s'abstenir et intervienne. Il ne devra pas le faire par des discours et de la morale en tartines, si je puis dire, mais par un très petit nombre de préceptes répétés chaque jour et chaque jour commentés sans se lasser : « Aidez-vous vous-même ; ne comptez que sur vous-même ; apprenez à vous servir de vos mains ; soyez l'homme de toutes les besognes ; ni luxe ni confort ; soyez ménager de votre argent ; autant que possible vivez sur vos produits ; sachez comprendre les indigènes ; tâchez de vous en faire aimer ; soyez juste ; soyez humain, soyez bon[1]. »

Ce sera une excellente préparation. Quelques années de cette formation morale (éducation) donneront au candidat-colon l'état d'esprit et le caractère qui conviennent à sa situation.

Reste à voir ce que sera, ce que devra être l'instruction.

---

1. Ces formules sont peut-être moins intelligibles pour les métropolitains que pour les colons. Il n'est pas un habitant de nos colonies qui ne sente sous chacune d'elles un danger auquel il importe de parer.

II

Ce que doit être la préparation
à la vie coloniale :
l'Éducation et l'Instruction générales ;
l'Enseignement secondaire
et l'Enseignement
dit « Enseignement spécial ».

I

La partie de l'instruction générale dont il s'agit ici[1] est celle qu'on qualifie enseignement secondaire. Les colons nécessaires de l'heure pré-

1. Nous nous maintenons ici sur le terrain exclusif de la préparation des colons. Si nous prétendions rechercher sur tous les terrains les modifications que l'utilité des colonies nous engagerait à introduire dans les programmes de l'enseignement à tous les degrés, notre tâche en serait aisément doublée. Il y aurait alors à esquisser le plan d'éducation des ingénieurs, par exemple, et des officiers, et des médecins des colonies et de tant d'autres spécialistes dont le bagage doit être tout autre, suivant qu'ils résident en France ou dans nos provinces d'outre-mer.

sente sont, nous l'avons dit, les fils de la bourgeoisie. Cette bourgeoisie fait élever ses fils
suivant les formes et rites de l'enseignement
secondaire. Donc, par le mot : instruction, j'entends ici, je dois entendre exclusivement l'enseignement secondaire. Que vaut cet enseignement
pour le but que nous proposons d'atteindre?

A mon sens, il a deux défauts capitaux :

1° Il ne prépare pas aux besognes, ou plutôt il
ne réconcilie pas avec les besognes de la vie ceux
qui ont leur vie à faire, ou, comme on dit, à
gagner;

2° Il garde les j unes gens trop longtemps
loin de la vie et de ses réalités.

Je veux d'abord définir les termes que j'emploie :

Je ne parle pas des *difficultés* de la vie, je parle
des *besognes*. Je ne songe pas ici à faire des héros;
si j'y songeais, s'il y fallait songer, la meilleure
école serait encore, j'imagine, ces humanités
qu'on attaque, que j'attaque à mon tour. Mais
nous avons, même à l'heure présente, besoin de
héros moins que d'esprits unis, patients, avisés,
tenaces, acceptant la vie quotidienne, ne lui demandant que ce qu'elle peut, mais lui demandant et
sachant lui demander tout ce qu'elle peut donner :
les satisfactions matérielles comme les autres.

Je n'accuse pas l'enseignement secondaire de ne pas *préparer* aux besognes de la vie; je ne veux nullement que l'école — de quelque façon qu'elle soit organisée — nous prépare des professionnels, et forme uniquement des techniciens, mettons, si vous le voulez, des intelligences, quand il nous faut des caractères, des hommes. Non! ce que je reproche à l'enseignement secondaire quel qu'il soit, classique ou moderne, c'est de ne pas nous acheminer aux besognes de la vie, de ne pas nous incliner doucement vers elles, de nous éloigner d'elles, de nous élever au-dessus d'elles, de nous laisser croire que nous sommes supérieurs à elles.

Et notez-le, ce résultat de l'enseignement secondaire est fatal. Il est indépendant du maitre; il tient à l'air respiré; il tient au milieu, il tient à la fréquentation. Prenez un jeune homme d'humble condition; mettez-le, plongez-le quelques années dans la société riche et élégante, à l'abri non seulement du besoin présent mais de l'inquiétude du lendemain : en vain vous lui prêcherez plus tard les goûts modestes et l'amour de la simplicité, son âme sera imprégnée de luxe et de mondanité. De même votre écolier de l'enseignement secondaire. Vous le faites vivre, durant sept ou huit années, avec l'élite de l'humanité : d'abord avec Plutarque (lu, si vous voulez, dans Jacques Amyot) et les héros de l'histoire ancienne ; ensuite avec Sophocle et Euripide (vus, j'y consens, à travers Racine) et Lucrèce et Virgile ; plus tard enfin, avec Socrate et Platon, Montaigne, Pascal et Kant. Vous l'avez promené sur les plus hauts sommets de la pensée humaine ; vous avez déformé son âme, ennoblie, je veux bien, mais, en un certain sens, amollie ; vous lui avez donné des émotions inconnues, entr'ouvert des joies mystérieuses, préparé pour les jours de tristesse des retraites sûres, loin de la vie et de l'activité ; surtout vous l'avez élevé au-dessus de sa condition d'hier et de sa condition probable de demain ; vous avez renversé les plans de l'existence ; vous avez tout mis au-dessous des choses de l'esprit (ou, parfois, de l'âme) ; vous l'avez ineffaçablement marqué pour la contemplation et la vie spéculative, peut-être même oisive.

Même le sublime de cette éducation va lui être un mal (délicieux) et un fardeau. Celui qui une fois aura frissonné à dire et à redire ces adorables lieux communs :

Per amica silentia lunæ...
Sunt lacrymæ rerum...
Suave mari magno turbantibus æquora ventis....

et cent autres, celui-là appartient à une humanité hors de la vie, que l'humilité des besognes
entrevues, je ne dis pas humilie, mais dégoûte;
d'instinct, il se détourne de toutes les carrières
où, pour réussir, il faut engager l'être entier,
corps et esprit, et s'achemine vers celles où l'on
ne donne guère qu'une partie de soi, et où l'on
peut se réserver un « Jardin secret » où cultiver
la fleur bleue de l'Idéal. En un mot, vous ne
faites, vous ne pouvez faire, avec ceux que votre
enseignement a pénétrés, que des fonctionnaires,
des lettrés, des professeurs, des « carrières libé-
rales », mais non des producteurs de richesse
matérielle et d'énergie sociale : des industriels,
des commerçants, des colons. S'il en est qui
échappent à la règle, c'est qu'ils ont échappé à
votre action ; votre système d'éducation n'a pas eu
de prise sur leur esprit trop paresseux ou trop
pratique.

Ainsi voilà mon premier grief : l'enseignement
secondaire, parfait au xviie siècle, quand, sous la
règle jésuite ou janséniste, il modelait et formait
l'esprit et l'âme des futurs gentilshommes, pré-
bendaires ou bénéficiaires, est pernicieux quand
il pétrit et façonne des êtres dont les dix-neuf
vingtièmes auront à gagner leur existence par le
travail. Il leur a donné une conception fausse de

la vie et de ses besognes; il les a mis, sinon toujours au-dessus, du moins presque toujours à côté de la vie.

Et voici mon second grief : Cet enseignement secondaire les laisse libres trop tard.

Comptez un peu : Bachelier ès lettres à dix-huit ans (pour les deux parties), ès sciences à dix-neuf ans (en admettant que la loi militaire ou la manie des diplômes ne l'entraine pas, séance tenante, à conquérir quelque licence ou quelque doctorat), l'écolier, à l'ordinaire, ne sait pas encore ce qu'il va faire. Il hésite, il tâtonne, il frappe à droite, il frappe à gauche, sans voir — en dépit du cliché — aucune porte s'ouvrir sous cette clef qui s'appelle les diplômes. Il gaspille ainsi son temps en efforts lassants; il retourne parfois à ses études, il devient ainsi à la fois plus savant et plus impropre aux carrières d'action; finalement — si le fonctionnarisme, le journalisme, ou un autre « isme » quelconque ne lui a offert un refuge ou une sinécure, — il cherche à entrer dans l'industrie, dans le commerce, dans les colonies.

Mais il ne sait rien. Il lui faut faire un apprentissage. Il lui faut débuter par les postes les plus humbles. Pour des raisons que j'ai déjà exposées bien des fois [1] et sur lesquelles je ne puis revenir aujourd'hui, plus de place, comme jadis, dans les états-majors. On n'est plus d'emblée capitaine ou seulement lieutenant ; on débute comme soldat. Or, en tant que soldats, les patrons préfèrent à ces « résignés » de vingt ou vingt-deux ans, des jeunes garçons de quinze ans, souples, malléables, sans préjugés, dont la moindre place remplit toute l'ambition, qui feront avec joie la besogne quotidienne, et qui ne seront pas sans cesse à compter les jours qui passent, attendant, avec impatience et bientôt avec irritation, un avancement qui satisfasse leur vanité ou leurs besoins.

En sorte que ces produits de l'enseignement secondaire, qui ont cru déchoir en se résignant à ces besognes obscures, ne sont même pas aptes à les bien faire : ils sont surchargés d'un poids mort qui les retarde dans le handicap de la vie. Ils seront dépassés par une foule de jeunes gens dont l'esprit est moins orné et l'âme moins sensible. Ils risquent de faire des mécontents et même des ratés.

---

1. V. notamment, même collection, *l'Age de l'Agriculture*, Colin et Cie, éditeurs.

II

Il faut donc réformer l'enseignement secondaire.

Le réformer; non le détruire.

Tout d'abord, il faut le maintenir pour ceux qui de parti pris voudront continuer à le fréquenter ou pour ceux que le pays a intérêt à voir le fréquenter. Par là j'entends d'abord une élite, les futurs « pasteurs de peuples », dont nulle nation ne peut se passer; ensuite les fils des riches; enfin une portion irréductible de *snobs*.

L'élite, intellectuelle et morale, celle qui peut être éventuellement appelée à diriger la nation, ne se forme que par l'enseignement secondaire classique, renforcé par l'enseignement supérieur. M. Paul Bert a dit un jour qu'avec les seules sciences on ne ferait qu'une nation de contre-maîtres. On ne fera des hommes qu'avec les humanités. Il y a donc une élite des intelligences et des cœurs pour laquelle il faut maintenir l'enseignement secondaire classique.

A cette élite se joindront fatalement les fils des riches. Les fils des riches veulent être de toutes les aristocraties. Ils veulent être de l'aristocratie de naissance, et pour cela vont jusqu'à acheter des titres de noblesse; ils veulent être de l'aristocratie de plaisir et, en conséquence, entretiennent des actrices, font courir des chevaux et se ruinent au jeu. Ils voudront être aussi de l'aristocratie de l'intelligence et, à cause de cela, se cramponneront à l'enseignement secondaire, voire supérieur. S'il se trouve qu'étant riches, ils sont en même temps intelligents, c'est à merveille; s'ils sont bêtes, cela n'aura nul inconvénient : les riches ne font jamais des déclassés; leur bêtise, plus ornée, sera plus ridicule. Ce sera tout.

Enfin, il y aura quelques snobs, j'entends fils de snobs, pour qui cet enseignement sera inutile et même malfaisant, mais qui continueront à le fréquenter. Pourquoi? Question d'habitude; question de vanité. Parce que Pierre, fils de Jacques, prétend aux études classiques et au baccalauréat comme Paul, fils de Joseph. Paul — cela se peut prédire d'avance — en tirera profit; Pierre — cela est d'avance certain — y perdra son temps : peu importe; le préjugé, la vanité des parents exigent qu'il se couche dans ce lit de Procuste, au risque de se relever déformé et mutilé.

L'élite, les fils des riches et les fils de snobs.

combien cela fait-il? Cinq pour cent? Dix pour cent? Je ne sais : la statistique n'a pas été dressée. Doublons ces chiffres, ce qui est exagéré : il y aurait donc 20 pour 100 de la population scolaire de l'enseignement secondaire à qui cet enseignement convient et 80 pour 100 à qui il ne convient pas.

Ceci connu, que va faire le gouvernement?

Son devoir évident serait d'ouvrir une voie nouvelle, d'offrir un mode d'enseignement nouveau.

Et cela soulève deux questions : question de programme, question d'argent.

La question d'argent me touche, mais ne m'embarrasse pas. Je ne songe pas à laisser subsister l'enseignement secondaire tel qu'il est, pour organiser à côté, de toutes pièces, l'enseignement nouveau.

Non. Le budget est à bout de ressources. Il ne peut pas maintenir tout ce qui est et créer par surcroît tout ce qui manque. On ne peut plus construire qu'avec des matériaux d'emprunt. Il faut, si l'on veut ériger quelque système nouveau, y affecter, pour une partie, les installations et les crédits du système ancien.

Ce n'est pas tout. Le gouvernement ne peut

rien ici sans les familles. Et les familles stupidement tiennent à l'enseignement secondaire. Il faut donc que le gouvernement vienne au secours de leur indécision et de leur vanité. Il leur doit de mettre un enseignement nouveau à portée de leur main. Sur trois établissements d'enseignement secondaire, il serait équitable et avisé d'en détourner un de sa destination actuelle pour l'affecter à l'enseignement nouveau.

Cela, on ne le fera pas; du moins, on ne le fera pas rapidement; mais nous serions content si, pour débuter, on nous donnait, pour tout le pays, deux ou trois établissements du type nouveau.

Maintenant que sera ce type? Ceci nous ramène à la seconde question : la question de programme.

III

Cet enseignement nouveau devra être à la fois général et pratique : général, c'est-à-dire non pas technique en vue d'un métier ou d'une profession; pratique, c'est-à-dire orienté en vue des nécessités de la vie quotidienne. Surtout il devra tenir compte de cette circonstance que le futur

colon est appelé à vivre *seul* et, par conséquent,
ne pourra vraisemblablement compter que sur
lui-même pour faire face à une foule de besoins :
en sorte qu'il faut, d'une part, le munir de connaissances appropriées à ses destinées futures,
et, d'autre part, le préparer à être plus tard un
autodidacte, c'est-à-dire à pouvoir compléter seul
son instruction, dans le sens que la vie indiquera.

Cet enseignement devra donc : 1° déposer et
faire pénétrer à jamais dans la mémoire de l'écolier un nombre limité de *connaissances* indispensables ; 2° déposer dans son entendement un
nombre limité *d'idées* fondamentales. De plus,
il devra restituer l'enfant à la société aux envi-
rons de la quinzième année.

L'enfant sortira de l'école primaire (ou de ce
qui lui en tient lieu) vers onze ans; l'enseignement nouveau (appelez-le secondaire ou primaire
supérieur ou plutôt, d'après un terme jadis ridicule, mais expressif, *enseignement spécial*, cet
enseignement créé autrefois par un grand ministre, M. Victor Duruy), l'enseignement nouveau
aura donc trois ou quatre années pour appliquer
son programme.

Que va être ce programme? Je n'ai aucune compétence pour le fixer. Et ceci n'est qu'une indi-

cation. Tel que je le conçois, le voici à gra
traits :

La langue et la littérature françaises ;

Les mathématiques : calcul, algèbre, géo
trie, mécanique ;

Les sciences physiques et naturelles : physiq
météorologie, chimie, géologie, botanique, p
siologie, hygiène ;

L'histoire de France, *suivie* d'un coup d'
sur l'histoire générale ;

La géographie de la France et de ses coloni
suivie d'un coup d'œil sur la géographie
monde ;

Les langues étrangères : anglais obligatoi
avec l'allemand ou l'espagnol facultatif.

Cela en trois ou quatre années.

Et cela enseigné dans un *esprit pratique*. Il
évidemment malaisé de combiner l'esprit scie
tifique avec l'esprit pratique. Voici ce que j'e
tends par ces mots : « enseigné dans un esp
pratique ». Je prends un exemple : les math
matiques.

Vous, éducateurs, vous avez cet enfant à vo
pour trois ou quatre ans. Vous savez à quoi il
destine. N'allez pas lui enseigner les mathéma
ques comme vous feriez à un cerveau que vo
voudriez voir imbu de l'esprit mathématiqu

pénétré de la méthode mathématique. L'esprit mathématique se forme, la méthode mathématique se révèle par le long commerce des mathématiques, par l'initiation au calcul intégral, à l'analytique, etc. En dehors de cela, ni esprit mathématique, ni méthode mathématique. Or, dans ce qu'on appelle les « élémentaires », il y a certaines notions qui ne sont enseignées que parce qu'elles sont un acheminement aux raisonnements mathématiques, une sorte de préparation à la méthode mathématique. Ces notions, notre écolier n'en a que faire. Il ne sera jamais un mathématicien, ni même un ingénieur. Mais il peut avoir à résoudre quantité de problèmes pratiques : mettez-le en mesure de les résoudre. Beaucoup sont simples; quelques-uns seront compliqués : outillez-le de telle façon qu'il s'en puisse tirer. Il faudra mesurer des distances, calculer des hauteurs, évaluer même des forces (chutes, courants d'eau, etc.) : enseignez-lui d'arithmétique, d'algèbre, de géométrie, de mécanique, ce qui est indispensable; et rien de plus.

Le reste dans le même esprit. S'agit-il de sciences morales : envisagez d'avance ce qui le préoccupera. En histoire : les guerres passées, l'abaissement de la maison d'Autriche et la question d'Orient? non pas; mais les questions qui touchent le citoyen et le producteur, l'homme de raison et l'homme d'argent.

De même les langues : moins de Shakespeare et de Gœthe que de conversation courante et de lectures de journaux et de rédactions sur les sujets de la vie quotidienne.

Ne visez pas à faire des savants ou des demi-savants, mais des hommes, et des hommes armés pour la vie, et armés au moins autant pour la lutte contre les choses que pour la lutte contre les hommes.

Voici donc que nos jeunes gens vont sortir de cette école, disons de cet « *enseignement spécial* », où ils ont reçu l'instruction générale conforme au programme dressé. Ce programme est si pratique et, je puis dire, si plastique, il se prête si bien aux nécessités· de presque toutes les carrières, qu'il aura attiré dans ces écoles bien d'autres élèves que les futurs colons.

Le jour où ils la quitteront, le maître, avant de leur donner la volée, devra leur dire : « Souvenez-vous que vous savez peu de chose; nous n'avons fait que déposer en vous les semences; à vous de les faire éclore. Travaillez à vos loisirs; devenez, si vous pouvez, des hommes instruits; surtout devenez des hommes. »

Et se tournant vers les futurs colons : « Vous, continuera-t-il, vous notamment qui vous destinez à vivre dans des pays que la civilisation n'a encore qu'à peine outillés et où chacun doit presque en toutes choses se suffire à lui-même, n'oubliez pas que là-bas l'homme est le grand facteur, le principal facteur du succès. Avoir de la terre, avoir un métier, une boutique achalandée, c'est bien ; avoir de l'argent, c'est à merveille ; mais il est encore cent fois mieux d'avoir du talent et du caractère. Entre les mains de l'incapable ou du négligent, la terre demeure inculte et l'argent se gaspille. Vous avez donc (et nous avec vous), à vous préoccuper de faire de vous des hommes, munis des connaissances voulues. Vous munir de connaissances, c'est affaire à l'instruction ; faire de vous des hommes, c'est affaire à l'éducation. »

Que va être cette instruction ? Que va être cette éducation ?

Ce que doit être la préparation à la vie coloniale : l'Éducation et l'Enseignement techniques; Agriculture, Commerce.

L'éducation, je l'ai déjà dit, n'est guère affaire de cours; ce serait plutôt affaire de milieu et d'exemples, d'entretiens et de conseils donnés par les parents et, à leur défaut, par les maîtres. Cela, pour ce qu'on peut appeler éducation morale : éducation du cœur, éducation du caractère. Mais il y a aussi une éducation du corps et de l'esprit, qui relève, dans une certaine mesure, de l'enseignement et qui peut se donner dans les écoles où l'on prétendra former les futurs agriculteurs et futurs commerçants de nos colonies.

En fait de cours, cette partie de l'éducation se traduira par des cours de sport : équitation, natation, canotage à la rame et à la voile, marche à pied; et par des cours sommaires sur les métiers et professions : maréchal ferrant, menuisier, bûcheron, vétérinaire, avec un aperçu de médecine pratique, etc., etc.

J'ajoute que, dans ces écoles, les élèves devront être soumis à un régime également éloigné de la discipline autoritaire et du confort de certains de nos établissements publics d'instruction.

Cette éducation telle que je viens de l'esquisser s'appliquerait, avec des variantes peu importantes, à tous les futurs colons quelle que dût être leur partie : agriculture, commerce ou industrie.

Pour l'instruction, au contraire, il faut nettement distinguer : instruction des futurs commerçants; instruction des futurs agriculteurs.

Parlons d'abord des agriculteurs.

Trois questions se posent : 1° L'agriculture aux colonies nécessite-t-elle donc une instruction particulière? 2° Où cette instruction peut-elle se donner? peut-elle se donner dans les établissements que nous possédons déjà? 3° Quel devra en être le programme?

Ceux qui ne sont pas allés aux colonies ne peuvent pas s'imaginer combien l'agriculture y est différente de l'agriculture de la métropole et quelles difficultés elle peut présenter.

Voici, par exemple, une plantation de tabac. C'est une des entreprises les plus délicates et les plus aléatoires; une de ces entreprises dans lesquelles, aux mains d'un homme incompétent, l'argent fond à vue d'œil sans rien laisser derrière lui. Tout y est difficile, tout y est périlleux : le choix de l'emplacement du domaine, l'analyse du sol, la question des engrais, la sélection des espèces, la préparation des pépinières, la distribution de l'eau dans les proportions et aux époques voulues, les façons à donner à la terre, puis la récolte en temps opportun, le séchage naturel ou artificiel, le dosage de certains ingrédients chimiques; que sais-je encore? Quiconque a visité de ces exploitations sait que l'on s'y peut ruiner vite, si l'on n'est un bon agronome spécial doublé d'un bon chimiste.

Et le café? Pensez-vous qu'il suffise de mettre de la graine en terre pour obtenir un sac de bonne qualité marchande? Demandez-le au jardin de Buitenzorg qui renferme deux laboratoires spéciaux uniquement consacrés à l'étude des meilleures conditions de culture du café; demandez-le

au gouvernement de Java qui, à égalité de conditions, obtient en quantité, malgré les fonctionnaires les plus zélés, seulement la moitié ou les
deux tiers, et, comme prix, seulement les trois
quarts de ce qu'obtiennent les particuliers. Que
de soins! Que de précautions ! Que de risques !

Et le thé? Et la canne? Et tant d'autres cultures?

L'expérience de tous les peuples nous enseigne
que, quelque culture qu'on veuille entreprendre
aux colonies, café, sucre, tabac, quinquina, poivre,
vanille, badiane, indigo, riz même (le riz, si important, la première culture pour le colon à essayer
et à développer à Madagascar et en Indo-Chine),
on ne peut prétendre réussir qu'après due préparation.

Mais n'avons-nous pas en France de bons agro-
nomes? de bons chimistes? de bons ingénieurs ? n'y
a-t-il pas vingt écoles d'agriculture, l'Institut agronomique et l'école de Grignon en tête? Et combien d'écoles de chimie, combien de laboratoires?
Les étrangers seuls retiennent-ils le monopole de
l'intelligence, de la science et de la compétence?
N'existe-t-il pas chez nous, pour la quantité de
capitaux disponibles, une quantité correspondante
de bons directeurs de capitaux? Est-ce admis-

sible? Un grand pays comme la France ne posséderait pas les quelques douzaines d'hommes
spéciaux que, pour commencer, réclament les
cultures spéciales? Qui le croirait d'une population si bien douée, et d'un pays ayant fait autant
pour l'instruction?

- Je ne sais si on le croirait; mais il importe
qu'on le croie. Sinon, faute d'avouer le mal, nous
ne chercherons pas le remède.

Oui! nous avons un très bel enseignement agricole, et, pour le dire en passant, un enseignement
à qui (avec les syndicats) l'on peut reporter presque
tout le mérite des grands progrès de notre agriculture durant ces dix dernières années. Oui!
nous possédons de superbes écoles agronomiques,
et tout un corps de professeurs de haute valeur.
Mais nous n'avons encore ni écoles, ni, sauf une
exception, professeurs de cultures coloniales. Et
ce qu'on a fait pour la métropole ne peut pas,
au moins sans modification, servir pour les colonies.

Axiome : Pour ces cultures spéciales, il faut
des hommes spéciaux.

Quelle préparation faut-il donc au futur agriculteur des colonies? Une solide éducation agronomique générale, avec au moins une teinture de

l'agronomie coloniale, le tout suivi d'une spécialisation coloniale approfondie sur place.

Mais les moyens? Les établissements d'instruction? Les dépenses qui en résulteront?

Tout cela est assez simple ; tout cela peut être fait à peu de frais.

Nous possédons en France vingt centres d'enseignement agricole ; faites choix de cinq ou six d'entre eux : l'Institut agronomique, Grignon, les écoles de Montpellier, de Nancy, de Rennes, de Grenoble (ceci uniquement en vue de desservir diverses régions, et sans qu'aucun intérêt s'attache à une ville plutôt qu'à une autre) ; à ces écoles d'agriculture, ajoutez une section d'agriculture coloniale, et voici qu'à très bon compte vous avez organisé un enseignement suffisant. Joignez-y encore, comme centre de recrutement, si vous voulez, l'École centrale et les Écoles de Chimie (car, pour plusieurs de ces cultures coloniales, il faut un agronome doublé d'un ingénieur et d'un chimiste) ; et alors rien ne fait défaut.

Sauf les professeurs, direz-vous. Erreur : n'avez-vous pas le savant M. Heckel, professeur à la Faculté des Sciences et créateur de l'Institut Colonial de Marseille ; M. Dybowski, intelligence souple et esprit avisé, directeur de l'agriculture en Tunisie et professeur à l'Institut agronomique ;

M. H. Lecomte, docteur ès sciences, agrégé de l'Université, explorateur scientifique au Congo; M. Rivière, directeur du Jardin d'essai d'Alger; M. Godefroy-Lebeuf, l'horticulteur exotique, d'autres encore! Ce sont là des professeurs tout trouvés; s'il en faut davantage, eux-mêmes formeront des disciples, bientôt capables d'enseigner à leur tour. Donc ce ne sont pas les professeurs qui manqueront; les cours peuvent s'ouvrir demain.

Et ne dites pas que cet enseignement sera inefficace. Toute l'agriculture française serait là pour protester. Les lois d'enseignement votées avec tant d'entrain par la démocratie n'ont peut-être pas tenu tout ce qu'on en attendait; mais l'enseignement agricole, lui, a donné au delà. Ce qui a été si profitable pour l'agriculture nationale le serait de même pour l'agriculture coloniale.

Ne dites pas non plus que cette section supplémentaire et cette année d'étude consacrées aux cultures des colonies seraient insuffisantes; cela est trop évident. Mais, nous l'avons dit : il ne s'agit que de donner une teinture de l'agronomie coloniale. Au surplus, il n'est pas question de s'en tenir là et de renvoyer, après cette année unique, les élèves munis d'un certificat constatant qu'ils n'ont plus rien à apprendre. Bien loin de là : nous les tenons seulement pour dégrossis. Ils ont encore presque tout à acquérir; mais ce n'est pas en France, ni dans les écoles, ni dans les fermes, qu'ils pourront l'acquérir; c'est aux colonies. Ils s'en iront donc aux colonies, pour apprendre non pas *toutes* les cultures (qui veut tout savoir ne sait rien), mais une ou deux cultures déterminées, de façon à y devenir des maîtres.

Et ils iront là où ces cultures sont le mieux conduites. Pour l'arachide? ils iront sans doute au Sénégal, où le climat permet d'obtenir des produits excellents; mais ils ne s'en tiendront pas à un seul pays; ils iront dans plusieurs successivement, surtout en Floride et en Égypte, où l'art de l'agronome s'est, en ce qui concerne l'arachide, élevé à des hauteurs que nous ne soupçonnons guère. Pour le riz? en Italie, en Birmanie, au Siam, en Californie. Pour le sucre? à la Réunion, aux îles Hawaï, à la Louisiane. Pour le café? à Libéria, au Brésil, à Java. Pour le tabac? à Cuba, à Bornéo, etc., etc.

Et, dans chacun de ces pays, ils pourront, s'il en est, suivre les leçons théoriques des maîtres; mais surtout ils étudieront dans les plantations. Ils y travailleront et y passeront par tous les grades, par tous les échelons : d'abord garçons jardiniers, puis assistants et auxiliaires, jusqu'au jour où ils seront eux-mêmes en état de diriger. Au début, on leur fera payer leur apprentissage ; plus tard. on les recevra au pair ; plus tard, enfin, on leur accordera un traitement.

Surtout qu'on ne les envoie pas en mission de quelques mois, pour étudier de loin et de haut et théoriquement ; qu'on ne s'efforce pas de gagner du temps ; si on économise sur le temps, on rognera sur l'acquis et l'on n'aura encore formé que des demi-savants, au lieu de praticiens accomplis. Il leur faut des années de vie sur la plantation. Des années, j'y insiste ; sans quoi ils seront ce qu'en anglais on appelle un *smatterer*, avec des notions superficielles et inutilisables[1].

Que leur servirait, au surplus, de gagner une ou deux années ? Ne savez-vous pas que les capitaux se défieront d'hommes trop jeunes. Non. non ; qu'ils travaillent sans marchander leur

---

1. A la suite de démarches faites par nous près de M. Méline et de M. Lebon, au retour de notre mission de Java, une commission spéciale dans laquelle figurent des représentants des deux ministères de l'agriculture et des colonies, notamment M. Vassilière, directeur de l'agriculture, qui avait bien voulu présider notre conférence sur *la Colonisation hollandaise à Java*. et M. Camille Guy, chef du service des missions, vient d'admettre et de proposer la création de bourses de voyage dans les *colonies étrangères*,

peine et sans compter le temps ; qu'ils atteignent l'âge normal de vingt-cinq ans, qu'ils reviennent avec des connaissances sérieuses et attestées, et, leur mérite une fois connu et reconnu, les particuliers leur confieront enfin ces capitaux, si difficiles à décider, pour qu'ils les fassent fructifier et assurent en même temps leur propre fortune.

Et ce ne seront pas seulement les particuliers ; l'État lui-même les emploiera, et les gouvernements coloniaux. L'État aura besoin de professeurs, de directeurs de cultures ; les colonies auront besoin de chefs de laboratoires, de directeurs de leurs jardins d'essai. Car là encore tout est à faire.

Nous avons, nous sommes censés avoir, dans la plupart de nos colonies, des jardins d'essai. Le plus souvent ce ne sont que des jardins d'agrément ; on y fait venir de belles plantes ou de savoureux légumes pour orner les tables du gouverneur et de ses amis. Mais supposons-les jardins

pour y apprendre sur place, à l'école des planteurs les plus renommés, la culture des plantes tropicales : café, thé, tabac, etc. Ces bourses seraient, pour la première année, en petit nombre — nous-mêmes l'avions conseillé — au total, cinq : trois pour les élèves représentant l'enseignement agricole supérieur, à raison de 5000 francs par an pendant deux ans ; deux, pour ceux de l'enseignement secondaire, à raison de 4000 francs. Plus tard, on augmentera le nombre de ces bourses.

d'essai, au sens scientifique du terme. Qui les dirige ? Nous ne le savons que trop. Deux ou trois à la rigueur de ces directeurs de jardins coloniaux connaissent leur métier. Les autres le connaissent fort mal, quand ils ne l'ignorent pas complètement.

M. Heckel citait un jour un exemple décisif. Il expédiait à une de nos colonies des graines précieuses. — « Mais, disait-il, qui en prendra soin? Qui les surveillera? — Oh! lui répondit-on, il y a là-bas un caporal qui s'y entend à merveille. » Ailleurs, ce sont de simples jardiniers, qui excellent à faire des bordures, à disposer les massifs, ou encore à écrire, en végétaux élégants, suivant les régimes, tantôt : *Vive l'empereur!* et tantôt : *Vive la République!* Ou enfin, ce sont des vétérinaires de nos régiments plus ou moins compétents, mais qui, en les admettant compétents, ont le tort de ne rester dans la colonie que deux années au plus et de laisser toujours leur besogne à peine esquissée.

Ce qui convient, pour mettre à la tête de ces jardins, ce sont des savants spécialistes, des théoriciens doublés de praticiens et des hommes fixés à demeure dans la *même* colonie.

Voilà pour les jardins. Et pour les laboratoires? Il y faudra des hommes de science pour faire l'analyse des terres, la détermination des engrais

convenables, le choix des espèces appropriées,
pour reconnaître le meilleur assolement, poursui-
vre les recherches bactériologiques, enfin pour
faire des cours et répandre l'enseignement agricole parmi les colons, comme les professeurs
d'agriculture le répandent ici parmi les paysans
français.

Ce seront là encore de magnifiques débouchés
et de très intéressantes situations pour ces ingé-
nieurs-agronomes patentés chacun dans leur spé-
cialité coloniale.

Et — laissons de côté les intérêts privés — l'intérêt général y gagnera cent fois plus encore.
Une bonne orientation donnée par les pouvoirs
publics, une initiative prudente et confiante des
particuliers, en voilà assez pour assurer la
prospérité des colonies et le succès de tant
d'entreprises fondées avec des capitaux métropolitains.

Le plan que je viens d'esquisser vise à se con-
tenter uniquement des éléments existants et à les
approprier à des besoins nouveaux.

On pourrait imaginer l'institution en France
d'une véritable école coloniale (comme en Angle-
terre celle de Hollesley-Bay, comme il va s'en
fonder une en Allemagne), véritable école de

colons, où l'on donnerait à la fois l'éducation coloniale (chose capitale et que la première combi-
naison n'assure qu'en partie), et l'instruction
coloniale. Alors il ne serait plus question d'apprendre seulement les rudiments de l'agriculture
coloniale, mais de recevoir sur ce sujet spécial
une instruction presque complète, instruction
sans doute encore théorique, mais rapprochée
déjà de la réalité par des cultures, en serres, des
plantes à presque toutes les époques de leur
développement. J'ajoute que des laboratoires
devraient permettre de manipuler les produits
et de se rendre compte des méthodes par lesquelles on les transforme de produits agricoles
en produits commerciaux.

Dans cette école, en sortant de l'école agricole
ordinaire, on ferait un séjour d'une ou deux
années ; et l'on peut affirmer que les élèves for-
més à ce double enseignement posséderaient
toutes les connaissances théoriques que l'on peut
raisonnablement exiger de futurs colons.

Après l'école coloniale de France, école générale, il y aurait les écoles coloniales des colonies,
écoles spéciales. Et déjà les colonies, pour leur
part, paraissent disposées à entrer dans cette
voie.

La Tunisie ouvre, à Tunis, au mois d'octobre

1898, une école spéciale d'agriculture ; durée des études : deux années ; prix de la pension : 750 francs ; de la demi-pension : 350 ; c'est presque l'idéal pour nos colons de Tunisie et d'Algérie. Je dis « presque » l'idéal, parce que, quant à moi, j'aurais préféré le stage chez des colons ; mais cela semble n'avoir pas pu fonctionner.

Le futur colon se destine-t-il aux colonies tropicales? Voici que, de son côté, l'Indo-Chine a organisé une direction de l'agriculture et met à l'étude la création d'un enseignement gricole.

Par l'une ou l'autre méthode, l'enseignement agricole colonial serait chez nous constitué de toutes pièces ; les colons arriveraient aux colonies admirablement préparés. A quel âge ? Faites le compte : 15 ans au sortir de l'école primaire supérieure (que nous avons aussi qualifiée d'*enseignement spécial*) ; 18 ans au sortir de l'école agricole ; 20 ans au sortir de l'école coloniale métropolitaine (si une école de ce genre venait à se fonder) ; 22 ans, au sortir de l'école coloniale spéciale ou à l'issue de la mission. A 22 ans (mettons 25 ans pour rentrer dans l'ordre d'idées indiqué plus haut) avoir en main tout ce qu'il faut pour aborder avec succès un métier aussi compliqué, c'est avoir mis bien des atouts dans son jeu.

Bonne chance, colon; nos vœux t'accompa gnent.

II

Abordons maintenant l'enseignement particulier du commerçant.

Je suppose naturellement que notre futur commerçant sort de cet enseignement spécial que nous avons esquissé; il en sort à quinze ans et muni de certaines connaissances indispensables à tout homme et particulièrement utiles à l'homme qui est destiné à vivre loin des autres. Si, au lieu de cet enseignement spécial, il avait passé par ce qu'on appelle les humanités, il aurait dix-huit ans et posséderait un bagage plus flatteur, mais infiniment moins pratique.

Donc, notre futur colon a quinze ans. Que va-t-il faire? Ici nous rencontrons la distinction qui, fatalement, en cette matière s'impose à nous : a-t-il ou n'a-t-il pas de ressources propres? Suivant la réponse, sa carrière sera orientée différemment.

Il n'a pas de ressources? Sa famille ne peut pas s'imposer plus longtemps des sacrifices pour son éducation? Il faut qu'il gagne quelque chose ou que, tout au moins, il ne coûte rien? Sa voie est toute tracée : il entrera, comme jeune commis, en quelque sorte, comme apprenti, dans quelque maison où l'on manie beaucoup de produits divers : commissionnaire, par exemple, droguiste, etc. Pourquoi chez ceux-là et non chez d'autres? C'est qu'aux colonies, on ne connaît guère la spécialisation des affaires. Il n'y a pas un marchand de papier, un marchand d'étoffes, un marchand de souliers, un marchand de produits chimiques : les magasins sont presque tous des bazars où l'on vend, à des comptoirs différents, toutes les catégories de marchandises. Dans un pareil magasin, l'employé qui rend le plus de services est celui qui connaît le plus de spécialités.

Cette maison de commission ou de droguerie, le jeune homme y restera peut-être deux ou trois ans. Au besoin, il pourra, pendant ce temps, passer d'une place dans une autre, en vue d'étendre ses connaissances. Entre temps, il se perfectionnera en anglais et en comptabilité. *C'est indispensable*. Il se fait, à Paris, et dans toutes les grandes villes, des cours d'adultes, pendant la soirée : bien fou s'il n'en profitait pas. Et enfin, pour parachever son éducation, il devra, dans ses lectures, passer en revue les principales colonies où il a chance d'être envoyé : côte occidentale d'Afrique, Indo-Chine, Madagascar ; s'informer de tout ce qui plus tard aura de l'intérêt pour lui : climat, nourriture, hygiène, habitants, langues, etc., etc.

A dix-huit ans, ainsi formé et préparé, il s'en ira frapper à la porte des maisons qui ont des comptoirs aux colonies. S'il a vraiment des connaissances et de la conduite, s'il se montre tel qu'il est, débrouillard et résolu, il est sûr de trouver un engagement. Quelques mois d'apprentissage spécial en France ; puis, en route sur les colonies. La loi militaire — loi néfaste en tout ce qui touche aux colonies — veut qu'il y soit rendu avant l'âge de dix-neuf ans, sous peine d'être astreint à trois années de service (ce qui briserait sa carrière ; quel patron, en effet, consentirait à garder libre pendant trois années la place d'un employé ?) ; il fera son service de vingt et un à vingt-deux ans, reprendra, à la sortie du régiment, les occupations abandonnées ; et entre vingt-cinq et vingt-sept ans — retenez l'âge —, s'il a tenu ce qu'il promettait, il aura, sinon une position faite, du moins une carrière nettement définie, un présent acceptable et un avenir satisfaisant.

Voilà qui n'est pas mal navigué pour un garçon parti de rien, sans ressources personnelles, uniquement porté par son savoir et son caractère.

Passons à l'autre catégorie : à celle qui a des ressources. Notre hypothèse est celle d'un jeune homme de famille, principalement fils de commerçant, même à la rigueur fils de fonctionnaire, de bourgeois, de rentier, qui aura quelque jour à sa disposition un capital.

Le sens de ce mot capital varie suivant les carrières et suivant les pays : 5000 francs en Nouvelle-Calédonie, 30 000 francs en Tunisie, 50 000 francs en Indo-Chine sont déjà un capital pour un futur agriculteur; 150 000 francs sont un capital pour un futur commerçant en Indo-Chine ou en Nouvelle-Calédonie (pour l'Afrique occidentale, il faut des centaines de mille francs).

Notre jeune homme a quinze ans, sort de l'enseignement spécial décrit plus haut : Que va-t-il faire?

Rester à l'école; mais à l'école de commerce. Nos écoles de commerce ont deux graves défauts :

l'un qui tient à la loi, l'autre qui tient à la méthode.

La loi que je veux dire, c'est encore la loi militaire de 1889. Elle a, dans certaines conditions, dispensé de deux années de service sur trois, les élèves des écoles de commerce; mais elle a mis à cela deux conditions : elle a limité le nombre de ces élèves et elle a subordonné la dispense au résultat d'examens, à la suite desquels l'élève obtient ou n'obtient pas un certain diplôme.

C'est là, qu'on me permette de le dire, une procédure absurde.

Tout d'abord, cette espérance d'exemption attire vers ces écoles des jeunes gens qui n'ont ni les aptitudes naturelles ni les ressources nécessaires pour être plus tard des commerçants, et contribue ainsi, d'une part, à développer un fonctionnarisme commercial dont nous n'avions nul besoin (futurs experts, arbitres, vérificateurs de poids et mesures, etc., etc.), et, d'autre part, à créer un prolétariat commercial : aspirants patrons, aspirants associés, aspirants employés supérieurs, qui ne trouveront pas tous des emplois et feront des mécontents et des non-classés.

Seconde faute, plus lourde que la première, le nombre des places étant limité et le diplôme dispensateur étant subordonné à des examens, il arrive que, dans les examens, les triomphateurs sont les forts en thème du commerce, qui ont du commerçant tout excepté le goût, le flair, le génie du commerce. Ils passent sur la théorie les épreuves les plus brillantes; ils répondent à toutes les questions de la manière la plus satisfaisante : neuf fois sur dix, ils seront des commerçants détestables. Ce sont eux, cependant, que la loi veut qu'on dispense, pendant que l'homme, à l'esprit pratique, s'en ira à la caserne passer trois années, utiles sans doute à la patrie, mais singulièrement nuisibles aux intérêts du commerce et des commerçants,

Voilà ce que l'on peut reprocher à la loi; voici maintenant ce que l'on peut reprocher à la méthode.

Ces écoles de commerce, le plus souvent, ont à leur tête des hommes qui sont de purs théoriciens et n'enseignent que la théorie du commerce. Et il est bien assuré que l'on n'y peut pas enseigner la pratique. On ne voit pas une école de commerce qui aurait un cours d'épicerie, un cours de bonneterie, etc. Ce serait pitoyable et absurde : l'école n'est pas un apprentissage. Il faut donc se maintenir sur le terrain d'un enseignement général, qui prépare à toutes les branches

commerciales et non pas à une ou plusieurs spé-
cialement choisies. Mais — et c'est là à quoi se
borne ma critique — cet enseignement général
devrait être imbu de l'esprit commercial, doublé
d'une philosophie du commerce.

Il devrait y avoir sous l'enseignement de chaque
matière un ensemble de conseils, d'indications,
d'avis, partant d'un esprit pratique, qui forme-
raient peu à peu la raison commerciale des élèves
et qui leur enseigneraient ce qu'il faut prendre et
ce qu'il faut laisser des théories et des doctrines.
Il faudrait leur démontrer, sur le vif, et par des
exemples, les causes de certains échecs retentis-
sants; leur enseigner les illusions possibles de la
comptabilité en apparence la mieux tenue; en un
mot, les initier à cette règle d'expérience, sur
laquelle les Anglais sont devenus si forts : *cela
paiera* ou *cela ne paiera pas*.

Et ceci peut encore se corriger.

Notre futur commerçant colonial passe donc
par l'école de commerce, et il y apprend ce qui s'y
enseigne. Son temps terminé, il lui faut trouver
un commencement de spécialisation. Et ce commencement de spécialisation devrait lui être
donné dans une *Section spéciale* des Écoles de
commerce de certaines grandes villes : Lyon, Marseille, Bordeaux, Lille, Le Havre, section qui

porterait le nom de Section coloniale, et dans laquelle on enseignerait exclusivement certaines matières d'intérêt colonial. Exemples :

La question monétaire aux colonies, la question de l'argent en Indo-Chine; comment se font les affaires aux colonies; le commerce et le troc; les comptoirs à l'intérieur et les affaires à la côte; du rôle des Européens et du rôle des indigènes; les compradores chinois et les congrégations; du rôle du capital et de sa rémunération, etc., etc.; enfin la pratique habituelle de l'anglais.

Et j'aimerais assez que, dans cette section spéciale, on donnât la parole à quelque ancien commerçant colonial, choisi, bien entendu, pour son bon sens et son savoir, qui expliquerait par le menu ce qu'il a fait, comment il a réussi et comment il s'est trompé. Ce ne seraient là les cours ni les moins instructifs ni les moins intéressants.

De l'école et de cette section spéciale, le jeune homme sortirait à dix-huit ou dix-neuf ans; il trouverait une place dans quelque bonne maison, partirait aux colonies, y ferait son année de service et à vingt et un ou vingt-deux ans, entrerait dans la carrière.

Celui-là, non plus, ne serait pas trop mal lesté

pour le voyage. Je ne serais pas trop inquiet de son avenir.

Nous sommes au terme de cette courte étude.

Elle est destinée, je tiens à le répéter, moins à fournir la solution du problème qu'à poser le problème devant les esprits réfléchis.

Il est important, il est actuel.

Sans que le public y ait fait attention, la colonisation n'en est plus au point de départ; elle a, durant ces dix dernières années, franchi des étapes. Après avoir reconstitué l'empire colonial, elle a recruté dans la jeunesse, dans tous les rangs de la jeunesse, un parti nombreux qui ne demande qu'à émigrer. Aujourd'hui les candidats émigrants sont légion.

Il ne s'agit donc plus surtout, comme certains le croient encore et le prèchent, de décider les jeunes gens à émigrer; mais de les préparer dûment à la vie de l'émigrant et aux entreprises du colon, ce qui permettra de faire, dans le nombre, une sélection.

Même des femmes pour les colonies, épouses futures des futurs colons, égales à eux et dignes d'eux, on les trouvera quand il y aura dans ces colonies de bons colons, et des entreprises fructueuses.

Donc, j'y insiste, le problème est grave. Le voici posé ; il importe de l'aborder et de le résoudre, parce que, même après qu'il sera résolu, l'organisation et le fonctionnement du plan nouveau prendront beaucoup de temps, et qu'à une époque où les autres nations vont si vite et font tant de chemin, la France n'a plus une minute à perdre.

TABLE DES MATIÈRES

I. — Les futurs colons ; nécessité de les préparer à la vie coloniale 5

II. — Ce que doit être la préparation à la vie coloniale ; l'Éducation et l'Instruction générales ; l'Enseignement secondaire et l'Enseignement dit « Enseignement spécial » 22

III. — Ce que doit être la préparation à la vie coloniale : l'Éducation et l'Enseignement techniques ; Agriculture, Commerce. 38

38752. — Imprimerie Lahure, 9, rue de Fleurus, à Paris.